Ingrid Moras

Tontopf-Figuren zur Weihnachtszeit

CREATIV COMPACT

CHRISTOPHORUS

Inhalt

Für Weihnachten

Terracotta-Töpfe hatten bisher nur im Frühjahr, Sommer und Herbst ihre „Blütezeit". Doch jetzt verschönern dekorative, farbenfrohe Tontopf-Figuren auch die Winter- und Weihnachtszeit.

Vor der Haustüre glänzt ein großer Nikolaus im Lichterkranz, ein Schneemann beleuchtet den Weg auch späten Heimkehrern, und ein Wichtel hält für Besucher einen leuchtenden Stern bereit. Kleinere weihnachtliche Dekorationen finden sich in der Wohnung als Fenster-, Baum- oder Tischschmuck wieder. Dekorativ und funktionell zugleich bieten kleine Schneemänner und Bären Plätzchen an und bringen Engel stimmungsvolles Kerzenlicht. Eisbär und Schneemann versorgen draußen die Vögel und fügen sich perfekt in die winterliche Kulisse ein. Und schließlich verströmen Räuchermännchen weihnachtlichen Duft, sodass einem frohen Fest mit allen Sinnen nichts mehr im Wege steht.

Ich wünsche Ihnen viel Freude beim Basteln, Verschenken und Betrachten der Tontopf-Figuren und natürlich ein schönes Weihnachtsfest.

Ingrid Moras

Material & Technik

Material

Tontöpfe und Untersetzer gibt es in vielen Variationen und Größen im Hobby-Fachhandel, Gartencenter oder Baumarkt, ebenso Terracotta-Sets.
Als Köpfe evtl. **Holzkugeln** verwenden. **Halbkugeln** als Holz dienen als Ohren, Schnauzen und Nasen. Für die Haare eignen sich **Bast**, **Langhaarplüsch**, **Engelshaar** oder **Draht**. Arme aus Bast oder **Aludraht** arbeiten.
Mit grober **Deko-Paste** in Weiß Schneeflächen strukturieren: Die Paste aufstreichen und durch senkrechte Stupfbewegungen mit dem Schablonenpinsel gleichmäßig verteilen. Mit **Acrylfarben** Deko-Paste und Töpfe bemalen. Figuren, die draußen stehen, mit **wetterfestem Lack** schützen. Aus **Filz** und **Prägefolie** Details arbeiten.

Kleber

Zum Kleben der Töpfe, Einkleben der Hälse und Überbrücken von Zwischenräumen reichlich **transparenten Silikonkleber** (Baumarkt) verwenden. Er kann nicht übermalt werden. Überschüsse mit Küchenpapier entfernen und Flecken mit Scheuermilch bearbeiten. Die geklebten Teile mit Malerklebeband in Position halten.

Hilfsmittel

Mit einer kleinen **Rundzange** (Rosenkranzzange) die ersten, engen Windungen der flachen Aludraht-Spiralen drehen. Größere Windungen mit den Fingern formen. Bast, Filz und Plüsch entweder mit Silikon oder **Kraftkleber** (z.B. UHU Alleskleber Kraft) fixieren. Für farbliche Grundierungen am besten einen **Flachpinsel** verwenden, Gesichter mit einem dünnen, spitzen **Haarpinsel** aufmalen. Zuletzt den weißen Lichtpunkt in der Pupille mit dem Pinsel oder einer Sticknadel aufsetzen. Kleine und große Scheren werden zum Ausschneiden von Filz und Plüsch benötigt.

Hinweis: Silikon, Kraftkleber und die übrigen Hilfsmittel werden in der Materialspalte nicht mehr eigens aufgeführt!

Plüsch-Haare

Die Motivteile aus Plüsch am besten mit einer kleinen, spitzen Schere ausschneiden und die Spitze dabei immer nahe am Stoff halten, damit die Haare nicht durchtrennt werden. Beim Aufkleben von Streifen um Rundungen (z. B. beim Gesicht) nach Bedarf kleine Dreiecke ausschneiden, um den Streifen faltenfrei aufkleben zu können.

Hals aus Holz oder Bast

Einen **Holz-Rundstab** in die Holzkugel schieben und mit Silikon fixieren, dann durch das Loch im Topf stecken und mit reichlich Silikon umgeben. Ein rund um den Stab gestopftes Küchenpapier verleiht Stabilität. Bei kleinen Figuren **Bast** als Längsverbindung einkleben. Die Baststreifen unten zu Zopf-Beinen flechten. Hier den Hals auch von außen durch Silikon stabilisieren.

Hals und Beine aus Aludraht

Den Aludraht in der Mitte knicken und den Rundbogen in die Holzkugel kleben. Die Drähte durch das Loch im Topf führen, fest an die Innenwand drücken und mit Silikon (und evtl. Küchenpapier) fixieren. Den Draht am unteren Rand nach außen knicken und die Enden mit einer Zange bzw. den Fingern zu flachen Spiralen eindrehen.

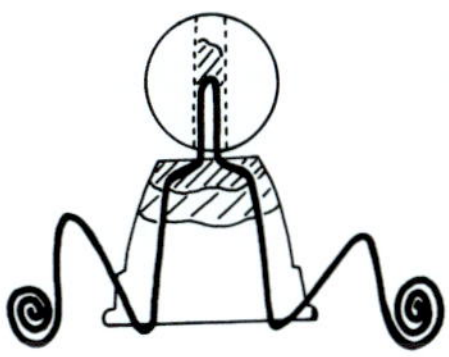

Arme aus Bast

Die Arme je nach Größe der Figur mit sechs oder drei Baststreifen arbeiten: Drei Streifen mit der Mitte vor dem Hals, drei hinter dem Hals herumführen, jeweils an den Seiten verknoten und zu Zöpfen flechten. Als Hand eine Holzkugel aufschieben. Darunter einen Knoten legen. Überstände abschneiden.

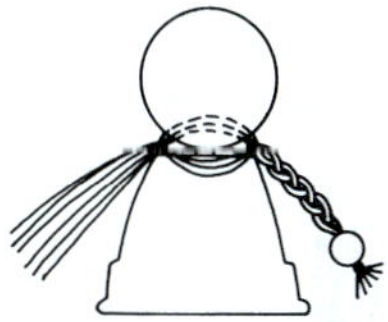

Arme aus Aludraht

Den Aludraht in der Mitte einmal um den „Hals" wickeln. Die Drahtenden mit einer Rundzange bzw. den Fingern zu flachen Spiralen eindrehen. Bei großen Figuren, die keinen „Hals" haben, eine ausreichend große Holzkugel von 2 bis 3 cm ∅ in die Mitte des Drahtes schieben und die Drähte durch das Loch des Oberkörper-Topfes ziehen. Als Arme kleine Töpfe aufziehen und dabei Holzkugeln (15 mm ∅) als Stopper einbauen; den Draht jeweils unter den Holzkugeln bogenförmig biegen, um ein Abrutschen zu verhindern.

Leuchtender Nikolaus

Material

- 2 Glockentöpfe, 17 cm Ø
- Glockentopf, 13 cm Ø
- Glockentopf, 9 cm Ø
- Tontopf, 6 cm Ø
- Tontopf, 3 cm Ø
- 4 Tontöpfe, 4 cm Ø
- 2 Tontöpfe, 5 cm Ø
- Untersetzer, 10 cm Ø
- Holzkugel, 3 cm Ø
- 6 Holzkugeln, 15 mm Ø
- Holz-Halbkugel, 20 mm Ø
- Aludraht, 3 mm Ø, 2 m lang
- Lackdraht in Grün
- Lichterkette mit 10 Lämpchen
- Langhaarplüsch in Weiß
- Acrylfarben in Fleischfarbe, Rehbraun, Schwarz, Weiß, Karmin
- Minipinespray, 48 cm
- Weihnachtssterne-Pick in Rot

Vorlage A

1 Alle Töpfe bemalen, das Gesicht auf dem Untersetzer gestalten. Als Nase eine Halbkugel aufkleben. Bart und Augenbrauen aus Plüsch fixieren.

2 Eine 3-cm-Holzkugel mittig auf einen Aludraht (2 m) schieben; die Drähte durch das Loch eines 17-cm-Topfes ziehen. Den Körper sowie den Untersetzer und die Mütze mit Silikon zusammenfügen (siehe Skizze).

3 Die Arm-Töpfe nacheinander auf den Draht aufschieben; dabei 15-mm-Holzkugeln als Stopper einbauen und den Draht darunter zu Bögen biegen. Als Hände je eine flache Spirale von innen nach außen formen, dann den Draht bogenförmig nach oben führen und die Enden miteinander verdrehen.

4 Den Kopf auf dem Körper mit Silikon fixieren. Plüschstreifen an den Ärmeln, am Mantel, rund um den Kopf und Hals und jeweils an den Topf-Übergängen der Mütze festkleben. In das Loch des letzten Mützen-Topfes ein zusammengerolltes Plüschstück einstecken.

5 Die Lichterkette um den Drahtbogen wickeln. Um die grünen Kabel zu verdecken, Zweige und Weihnachtssterne mit Lackdraht anbinden.

Für das Fenster

Material

- Glockentopf, 9 cm ∅
- Holzkugel, 45 mm ∅
- 7 Halbkugeln aus Holz, 20 mm ∅
- Holzrundstab, 8 mm ∅
- Holzperle, 10 mm ∅
- Aludraht in Gold, 2 mm ∅, 2x 60 cm (Engel), 40 cm (Bär)
- Prägefolie in Gold
- Engelshaar in Rot-Gold, Silber
- Messingdraht, 0,3 mm ∅
- Bast in Gelb
- Deko-Paste, grob
- Glitter-Filz in Rot
- Acrylfarben in Weiß, Fleischfarbe, Schwarz, Karmin, Lemon, Gold, Rehbraun
- Spieluhr „La le lu"
- Klangstäbe-Set in Gold, 4/5/6 cm und 7/9/11 cm
- Perlonfaden
- Transparent-Nähfaden

Zusätzlich

- Kugelschreiber
- Zeitung oder Styropor

Vorlagen B1 – B2

Anleitung Seite 10

Pinguine

Material

Großer Pinguin
- Rosentopf, 7 x 9 cm
- Holzkugel, 5 cm Ø
- Holzrundstab, 8 mm Ø

Kleiner Pinguin
- Tontopf, 3 cm Ø
- Holzkugel, 2 cm Ø
- Holzrundstab, 4 mm Ø
- Holz-Halbkugel, 4 cm Ø

Beide
- Deko-Paste, grob
- Acrylfarben in Weiß, Schwarz, Goldgelb
- Glitter-Filz in Schwarz

Zusätzlich
- Bleistiftspitzer

Vorlagen C1 – C2

Holzköpfe und Töpfe schwarz bemalen. Nach dem Trocknen den weißen Bauch mit Deko-Paste auftupfen. Ein Stück Rundstab für die Schnäbel anspitzen und gelb bemalen; dann in die Bohrung der Holzkugel einkleben. Köpfe und Töpfe mit Silikon zusammenfügen. Augen aufmalen, Flügel und Kopf-Flecken aus Glitter-Filz aufkleben. Eine Halbkugel mit Deko-Paste betupfen und den kleinen Pinguin so fixieren, dass er sich an die große Figur anlehnt.

Für das Fenster
Abbildung & Materialangaben Seite 8/9

Für den ***Bären*** drei Halbkugeln als Ohren und Schnauze auf die Holzkugel kleben. Alles mit Deko-Paste betupfen und bemalen. Eine 10-mm-Perle in die Mitte eines Perlonfadens (Aufhängung) schieben, beide Enden durch den Topf und die Holzkugel nach oben ziehen. Einen Rundstab als Hals einkleben. Die Arme aus Aludraht (40 cm) gestalten (siehe Seite 5). Die Klangstäbe an den Spiralen anbinden, dann diese zwischen zwei bemalten Halbkugeln einkleben. Einen Filzschal umbinden.

Für den ***Engel*** Topf und Holzkugel bemalen. Einen 60 cm langen Aludraht mit einem Ende zweimal um die Spieluhr biegen und verdrehen. Das andere Drahtende durch Topf und Holzkugel nach oben ziehen und mit Silikon fixieren. Mit 60 cm Draht die Arme arbeiten (siehe Seite 5). Haare und eine Wolke aus Engelshaar ankleben; die Haare evtl. mit Messingdraht in lockeren „Nähstichen" zusammenhalten. Eine Bast-Schleife umbinden. Mond, Sterne, Kragen und Engelsflügel aus Prägefolie auf einer weichen Unterlage mit einem Kugelschreiber prägen, mit Silikon fixieren oder anbinden; dabei den Faden zwischen zwei Lagen einkleben.

Schneemann mit Laterne

Material

- 2 Glockentöpfe, 17 cm ∅
- Glockentopf, 13 cm ∅
- 4 Tontöpfe, 4 cm ∅
- 2 Tontöpfe, 5 cm ∅
- Untersetzer, 10 cm ∅
- 6 Holzkugeln, 15 mm ∅
- Holzkugel, 30 mm ∅
- Aludraht, 3 mm ∅, 1 m
- Laterne, ca. 14 cm hoch
- Filz in Grün
- Glitter-Filz in Rot
- Bast in Grün
- Modelliermasse, lufthärtend
- Deko-Paste, grob
- Acrylfarben in Türkis, Kobaltblau, Schwarz, Weiß, Orange, Karmin

Vorlage D

1 Den 13-cm-Glockentopf (Mütze) blau-türkis bemalen, alle anderen Töpfe und den Untersetzer (Gesicht) mit Deko-Paste grundieren, dabei im Gesicht Hügel als Wangen aufbringen. Die Nase aus Modelliermasse formen, nach dem Trocknen bemalen und mit Silikon fixieren. Das Gesicht aufmalen.

2 Auf einen 17-cm-Topf eine Filzjacke mit Herz kleben. Eine 30-mm-Kugel mittig auf einen Aludraht (1 m) schieben; die Drähte durch das Topfloch ziehen. Die Arm-Töpfe nach und nach aufschieben; dabei 15-mm-Perlen als Stopper einbauen und den Draht darunter bogenförmig biegen, um ein Abrutschen zu verhindern. Die Enden zu flachen Spiralen eindrehen.

3 Töpfe und Untersetzer mit Silikon verbinden. Mit reichlich Silikon den Kopf auf dem Körper fixieren. Am hinteren Rand kann ein Holzstück als Abstandhalter eingebaut werden, damit sich der Kopf etwas nach vorne neigt. Die Klebemasse mit einem Filz-Schal verdecken. Bast-Haare am Mützenrand fixieren und einzelne Schneefelder mit Deko-Paste auftragen. In das Loch der Mütze einen Bast-Büschel einkleben. Die Laterne an der Spiralenhand einhängen.

Material

Schneemann

- Terrakotta-Dreier-Set mit Untersetzer, 5 cm ∅, 4,5 cm hoch
- Holzkugel, 45 mm ∅
- 2 Tontöpfe, 15 mm ∅
- Aludraht, 2 mm ∅, 2x 30 cm
- Deko-Paste, grob
- Modelliermasse, lufthärtend
- Bast in Gelb
- Acrylfarben in Schwarz, Weiß, Karmin, Orange
- Sinamay-Hut, 50 mm ∅
- Lebkuchen aus Keramik, ca. 3 – 7 cm ∅

Katze

- Holzkopf „Katze", 35 mm ∅
- Tontopf, 4 cm ∅
- 4 Holzkugeln, 15 mm ∅
- Bast in Hellbraun
- Glitter-Filz in Rot
- Lebkuchen aus Keramik, ca. 2,5 cm ∅

Vorlagen E1 – E2

Süßer Schneemann

Schneemann

Einen runden Topf des Dreier-Sets mit der Öffnung nach unten als Körper verwenden. Jeweils ein Ende der zwei 30 cm langen Aludrähte eindrehen und mit Silikon in einen 15-mm-Topf kleben; den Topf anschließend auf dem Körper fixieren. Die anderen Drahtenden zu flachen Spiralen drehen. Eine Holzkugel als Kopf aufkleben. Alles mit Deko-Paste strukturieren. Das Gesicht aufmalen. Die Nase aus Modelliermasse formen und bemalen. Nase und Hut fixieren. Mit Bast Lebkuchen umhängen.

Hinweis

Ein zweiter Topf des Dreier-Sets wird für den Weihnachtsstern-Bär (siehe Seite 24) verwendet. Im dritten Topf sieht ein Weihnachtsstern schön aus und der Untersetzer dient als Plätzchenteller.

Katze

Als „Hals" sechs Bast-Streifen in den Holzkopf und den Topf einkleben (siehe Skizze und Seite 5); je drei Baststreifen als Bein zum Zopf flechten. Als Fuß eine Perle aufschieben; darunter einen Knoten legen und Überstände abschneiden. Drei Baststreifen in der Mitte am Hals festknoten. Arme flechten und ebenfalls Kugeln aufschieben. Einen Brustfleck aus Filz fixieren und mit Bast einen Lebkuchen umhängen.

Frohe Weihnachten

Sternen-Wichtel

Material

- 2 Glockentöpfe, 17 cm ∅
- Glockentopf, 13 cm ∅
- 4 Tontöpfe, 4 cm ∅
- 2 Tontöpfe, 5 cm ∅
- Untersetzer, 10 cm ∅
- 6 Holzperlen, 15 mm ∅
- 2 Holz-Halbkugeln, 20 mm ∅
- Holzkugel, 3 cm ∅
- Aludraht, 3 mm ∅, 1,30 m
- Acrylfarben in Moosgrün, Karmin, Fleischfarbe, Rehbraun, Weiß, Schwarz
- Langhaar-Plüsch in Weiß
- Glitter-Filz in Rot, Grün
- Lichterkette mit 10 Kerzen
- Laternenfolie, 0,2 mm
- Window-Color in Strohgelb, Pfirsich
- Acryl-Mattlack
- Minipinespray

Zusätzlich

- Cutter

Vorlage F

1 Die Töpfe bemalen. Eine 3-cm-Kugel mittig auf einen Aludraht (1,30 m) schieben und beide Drahtenden durch das Loch des Oberkörpertopfes führen. Die Körper-Töpfe mit Silikon zusammenkleben.

2 Die Arm-Töpfe nacheinander aufschieben; dabei jeweils eine 15-mm-Kugel als Stopper einbauen und den Draht unter der Kugel zum Bogen biegen, damit sie nicht abrutschen kann. Die Drahtenden zu flachen Spiralen eindrehen. Die Schürze aus Filz am Bund ankleben und die Hosenträger hinten über Kreuz fixieren. Den Schürzenrand jeweils in den Hand-Spiralen einklemmen.

3 Das Gesicht auf den Untersetzer malen; als Nase eine Halbkugel fixieren. Die rote Filzmütze um den 13-cm-Glockentopf kleben. Den Rand etwas überstehen lassen und streckenweise dehnen; die „Naht" zur Mützenspitze hin kleben. Den Untersetzer und den Mützen-Topf mit Silikon zusammenfügen; den Übergang mit einem Streifen Plüsch verdecken. Die Haare zeigen nach vorne und werden so zurechtgeschnitten, dass das Gesicht sichtbar wird.

4 Den Kopf mit reichlich Silikon auf dem Körper fixieren. Damit das Gesicht senkrecht ist, am hinteren Rand eine Halbkugel als Stütze einbauen. Mit einem roten Filzschal die Klebemasse verdecken.

5 Mit Window Color die Sterne auf Laternenfolie malen, dabei den Innenkreis aussparen, nach dem Trocknen mit Lack übermalen und ausschneiden. Die Sterne auf eine schnittfeste Unterlage legen und im Innenkreis mit einem Cutter drei Schnitte anbringen. Die Sterne über die Lichter schieben. Die Kette rund um den Hals legen bzw. in die Schürze einbauen. Die Drähte hinter Zweigen verstecken.

Für den Baum

Material

Wichtel & Nikolaus

- Tontopf, 3 cm Ø
- Holzkugel, 25 mm Ø
- 2 Holzkugeln, 10 mm Ø
- Holzrundstab, 4 mm Ø
- Glitter-Filz in Rot, Grün, Weiß
- Bast in Grün/Natur
- Acrylfarben in Schwarz, Weiß, Fleischfarbe, Rot
- Lackdraht in Grün, 0,5 mm Ø
- Bast in Grün/Natur
- Transparent-Nähfaden

Schneemann & Eule

- Tontopf, 3 cm Ø
- 2 Tontöpfe, 15 mm Ø
- Holzkugel, 25 mm Ø
- 2 Holz-Oliven, 10 mm
- Holzrundstab, 4 mm Ø
- 2 Perlen, 4 mm Ø
- Deko-Paste, grob
- Glitter-Filz in Rot
- Window-Color-Konturenfarbe in Schwarz
- Lackdraht in Grün, 0,5 mm Ø
- Messingdraht, 0,3 mm Ø
- Modelliermasse, lufthärtend
- Acrylfarben in Weiß, Orange, Fleischfarbe, Rehbraun, Schwarz

Zusätzlich

- Stricknadel oder Holzrundstab, 2 mm Ø

Vorlagen G1 – G4

Die Holzkugel für den ***Nikolaus*** fleischfarben grundieren, mit einem 3 cm langen Rundstab mit dem Topf verbinden und mit Silikon sichern. Einen Lackdraht mit einbauen, der nach oben übersteht, damit die Mütze formbar ist. Mund, Augen und Backen aufmalen, Nase und Bart aus Filz fixieren. Mantel und Mütze aufkleben. Den Bommel zweimal ausschneiden. Arme aus drei Baststreifen arbeiten (siehe Seite 5). Aus zwei Filzrechtecken „Ärmel" über dem Zopf zusammenkleben.

Den ***Wichtel*** in der gleichen Weise arbeiten. Vor dem Aufkleben der Mütze Haare aus Bast auf dem Kopf mit Kraftkleber fixieren. Mit Lackdraht ein Filzherz an der Hand befestigen.

Den ***Schneemann*** sowie zwei Holzoliven mit Deko-Paste bemalen. Gesicht und Knöpfe mit Konturenfarbe aufmalen. Die Nase aus Modelliermasse formen, trocknen lassen, mit Orange einfärben und fixieren. Eine Spirale mit 2 mm Durchmesser aus Lackdraht mittig um den „Hals" biegen; auf die Enden jeweils eine Olive aufschieben. Eine weitere Spirale bogenförmig als Verbindung für die Ohrenschützer aus Filz fixieren. Einen roten Filzschal umbinden.

Die ***Eule*** mit Acrylfarben und Deko-Paste bemalen. Die Holzkugel mit einem 3 cm langen Rundstab mit Silikon auf dem Topf festkleben. Einen Bogen aus Lackdraht mit einkleben; daran später den Aufhängefaden befestigen. Zwei Messingdrähte mit der Mitte um den „Hals" legen, die Enden miteinander verdrehen, durch die zwei 15-mm-Töpfe ziehen; dabei die Töpfe mit Perlen vor dem Abrutschen sichern.

Material

- Glockentopf, 9 cm ∅
- 2 Tontöpfe, 15 mm ∅
- Holzkugel, 45 mm ∅
- Acrylfarben in Fleischfarbe, Rehbraun, Weiß, Schwarz, Rosé
- Aludraht in Gold, 2 mm ∅
- Bouillondraht in Gold, Silber, 2 mm ∅
- Holzrundstab, 8 mm ∅
- Window Color in Weiß, Strohgelb
- Samtpuder in Weiß, Gelb
- Laternenfolie, 0,2 mm
- Teelichter

Vorlagen H1 – H2

Achtung:

Beim Biegen der Teelichtfassungen darauf achten, dass die Teelichter ganz waagrecht stehen.

Lichter-Engel

1 Einen Rundstab als Hals fixieren. Für die Arme 60 cm bzw. 1,20 m Aludraht mit der Mitte dreimal um den „Hals" wickeln. Die Enden zu Spiralen eindrehen. Beim Engel mit zwei Teelichtern je eine Spirale für den Teelicht-Boden drehen, dann den Draht um das Teelicht herumführen.

2 Gesichter aufmalen. Haare aus Bouillondraht in der Bohrung fixieren. Tontöpfe und Flügel aus Laternenfolie mit Window Color grundieren und sofort gleichfarbiges Samtpuder aufstreuen. Als Beine je 30 cm Aludraht mit der Mitte innen am Topfrand fixieren. Zwei Töpfe aufschieben und die Drahtenden zur Spirale drehen. Die Teelicht-Halterung aus 60 cm Draht nach der Vorlage formen und einstecken.

Räuchermännchen

Abbildung & Material siehe Seite 22/23

Bei beiden Figuren in die Holzkugel – etwa 15 - 20 mm vom vorderen Bohrloch (= Mund) entfernt – ein neues Loch von 7 mm ∅ bis zum vorgegebenen Bohrgang bohren; dieses Loch genau auf das Loch des Rosentopfes setzen und außen herum mit Silikon zusammenkleben. Das hintere Loch mit einem Rundstab (1 cm) verschließen.
Den ***Schneemann*** mit Deko-Paste gestalten, eine Nase aus Modelliermasse fixieren. Das Gesicht aufmalen. Bast-Haare aufkleben. Jacke und Hut aufkleben; einen Filz-Schal umbinden. Die Arm-Halbkugeln fixieren. Etwas Deko-Paste auf Hut und Nase streichen. Beim ***Nikolaus*** den Kopf gestalten, die Mütze ankleben und die Spitze zwischen zwei Kreisen einkleben. Arme aus 40 cm Aludraht arbeiten (siehe Seite 5). Den Mantel aufkleben und mit Rand und Bäumen versehen. Aus Filzrechtecken „Ärmel" kleben. Filz-Füße am unteren Topfrand fixieren, einen Tannenbaum einhängen.

Räucher-männchen

Material

Beide

- Rosentopf, 9 x 7 cm ∅
- Holzkugel, 5 cm ∅
- Bohrer, 7 mm ∅
- Holzrundstab, 8 mm ∅

Schneemann

- 2 Halbkugeln aus Holz, 3 cm ∅
- Deko-Paste, grob
- Glitter-Filz in Rot, Grün
- Filz, meliert, in Rotbraun
- Bast in Mais
- Modelliermasse, lufthärtend
- Window-Color-Konturenfarbe in Schwarz
- Acrylfarben in Karmin, Weiß, Orange

Weihnachtsmann

- Glitter-Filz in Rot, Weiß, Grün
- Acrylfarben in Fleischfarbe, Karmin, Schwarz, Weiß
- Aludraht in Gold, 2 mm ∅, 40 cm

Vorlagen J1 – J2

Anleitung Seite 20

Weihnachts-Bären

Material

Bär mit Schale

- Glockentopf, 9 cm Ø
- Holzkugel, 5 cm Ø
- 7 Halbkugeln aus Holz, 2 cm Ø
- Untersetzer, 7 cm Ø
- Aludraht in Gold, 2 mm Ø, 2x 60 cm
- Plüsch in Blond
- Acrylfarben in Weiß, Schwarz, Karmin, Rehbraun
- Bast in Gelb
- Filz in Grün
- Filz in Weinrot, geprägt „Raute“

Weihnachtsstern-Bär

- 1 runder Topf vom Terracotta-Dreier-Set mit Untersetzer, 5 cm Ø, 4,5 cm hoch
- Topf, 6 cm Ø
- Holzkugel, 5 cm Ø
- Glitter-Filz in Rot
- Garn in Grün
- Bast in Hellbraun
- 2 Holzkugeln, 2,5 cm Ø
- 3 Holz-Halbkugeln, 2 cm Ø
- Holzrundstab, 8 mm Ø
- Acrylfarben in Schwarz, Weiß, Rehbraun
- Weihnachtsstern-Pick in Rot, Weiß

Zusätzlich

- Nähnadel

Vorlagen K1 – K2

Bär mit Schale

1 Die Holzkugel rehbraun einfärben. Halbkugeln als Ohren und Schnauze so aufkleben, dass sie an den auf den Kopf gelegten Untersetzer anstoßen. Das Gesicht aufmalen. Den Übergang zwischen Halbkugeln und Kopf mit schmalen, eingeklebten Plüschstreifen überbrücken. Eine Jacke aus Filz aufkleben und mit Tannenbäumen bestücken.

2 Hals und Füße aus 60 cm Aludraht arbeiten (siehe Seite 5). Auf den Spiralen rehbraune Halbkugeln fixieren. Die Arme aus 60 cm Aludraht gestalten und auf den Spiralen jeweils eine Halbkugel fixieren. Mit reichlich Silikon den roten Untersetzer auf dem Kopf fixieren und die Hände daran festkleben. Eine Bastschleife umbinden.

Weihnachtsstern-Bär

1 Die Holzkugel und den runden Topf rehbraun anmalen. Einem Rundstab als Hals zwischen Kugel und 6-cm-Topf einkleben und mit dem runden Topf zusammenfügen. Halbkugeln als Ohren und Schnauze fixieren; eine Halbkugel als Ohr auf das Bohrloch kleben. Das Gesicht aufmalen.

2 Die Filz-Jacke aufkleben und mit grünem Garn zusammenhalten. Bast in der Mitte am „Hals“ anknoten, Zöpfe flechten, die Enden durch bemalte Holzkugeln ziehen und darunter einen Knoten legen; Überstände abschneiden. Weihnachtssterne in die Bohrung schieben.

Für die Fensterbank

Material

Elch

- Glockentopf, 9 cm ∅
- 5 Tontöpfe, 15 mm ∅
- Tontopf, 4 cm ∅
- Untersetzer, 6 cm ∅
- Holz-Halbkugel, 3 cm ∅
- Langhaarplüsch in Kupferrot
- Prägefolie in Gold
- Acrylfarben in Rosé, Weiß, Schwarz

Schneemann & Vögel

- Glockentopf, 9 cm ∅
- Tontopf, 6 cm ∅
- Tontopf, 15 mm ∅
- Holzkugel, 5 cm ∅
- 2 Holz-Halbkugeln, 3 cm ∅
- Holzkugel, 15 mm ∅
- Deko-Paste, grob
- Window-Color-Konturenfarbe in Schwarz
- Acrylfarben in Schwarz, Weiß, Orange, Rehbraun
- Bast in Mais
- Holzrundstab, 8 mm ∅, 4 mm ∅
- Modelliermasse, lufthärtend
- Perlhuhn-Federn, Natur

Zusätzlich

- Bleistiftspitzer
- Zeitung oder Styropor
- Kugelschreiber

Vorlagen L1 – L3

Elch

1 Die Halbkugel am Boden des 4-cm-Topfes fixieren. Den Topfrand in einen Untersetzer einkleben. Einen schmalen Streifen Plüsch am Rand des Untersetzers festkleben; die Haare etwas kürzen. Das Gesicht aufmalen. Den Kopf mit einem 15-mm-Topf als Verbindungsstück auf dem Glockentopf fixieren.

2 Ohren und Geweih aus Prägefolie auf einer weichen Unterlage mit einem Kugelschreiber prägen, ausschneiden und auf dem Untersetzer fixieren. Die Ansätze mit einem Plüschkreis bedecken. Um den Hals einen schmalen Plüschstreifen kleben. Zwei Plüschstreifen mit eingekürzten Haaren als Beine am Glockentopfrand und in 15-mm-Töpfen fixieren.

Schneemann & Vögel

Beim ***Schneemann*** Glockentopf und Holzkugel mit einem Rundstab (8 mm ∅) verbinden und mit Silikon fixieren. Als „Hände" zwei Halbkugeln aufkleben. Die Oberfläche mit Deko-Paste strukturieren, das Gesicht aufmalen, Basthaare ankleben und den schwarz bemalten Topf mit Silikon fixieren. Einzelne Schneefelder mit Deko-Paste auf den Hut malen. Eine Rübennase aus Modelliermasse formen, nach dem Trocknen bemalen und fixieren.

Für jeden ***Vogel*** eine kleine Holzkugel rehbraun bemalen. Einen Rundstab (4 mm ∅) als Schnabel zuspitzen, schwarz bemalen und in eine Bohrung einkleben. In das andere Loch eine Feder einstecken. Augen aufmalen, seitlich und am unteren Rand des Topfes (15 mm ∅) Perlhuhnfedern ankleben. Kopf aufkleben und den Vogel fixieren.

Niedliche Engel

Material

Großer Engel

- Tontopf, 3 cm ∅
- Holzkugel, 2 cm ∅
- 2 Holzkugeln, 10 mm ∅
- Aludraht in Gold, 2 mm ∅, 20 cm
- Deko-Paste, grob
- Acrylfarben in Fleischfarbe, Schwarz, Weiß, Rosé, Türkis
- Glitter-Filz in Weiß
- Bouillondraht in Mandarin, 2 mm ∅
- Holzrundstab, 4 mm ∅
- Lackdraht in Grün, 0,5 mm ∅

Kleine Engel

- Tontopf, 15 mm ∅
- Holzkugel, 15 mm ∅
- Acrylfarben in Fleischfarbe, Schwarz, Weiß, Rosé, Maigrün, Türkis, Silber
- Bouillondraht in Rot, Mandarin, Silber, Gold, 2 mm ∅
- Transparent-Nähfaden
- Perle, 4 mm ∅
- Deko-Paste, grob
- Lackdraht in Mandarin, 0,5 mm ∅
- Glitter-Filz in Weiß

Vorlagen M1 – M2

Tipp

Die Engel sehen auch schön als Tischschmuck aus.

Beim ***großen Engel*** Kopf und Topf bemalen und mit einem 3 cm langen Rundstab verbinden. Mit Silikon sichern. Den Topfrand und zwei 10-mm-Kugeln mit Deko-Paste betupfen. 20 cm Aludraht einmal mittig um den „Hals" wickeln, je eine Kugel aufschieben, fixieren und die Drahtenden zu Spiralen eindrehen. Das Gesicht aufmalen. Haare aus Bouillondraht im Bohrloch fixieren. Flügel aus Filz arbeiten. Namensschild festklemmen.

Bei den ***kleinen Engeln*** Kopf und Topf mit Lackdraht verbinden; dabei eine Perle aufziehen (siehe Skizze). Mit Silikon sichern. Alles bemalen. Bouillondraht-Haare in das Bohrloch stecken: Den Draht leicht dehnen, die Abschnitte in der Mitte zusammenfassen und miteinander verdrehen. Das verdrehte Stück knicken und in die Bohrung schieben. Aus 10 cm Lackdraht die Arme fertigen (siehe Seite 5), mittig einmal um den „Hals" wickeln. Die Enden zu Spiralen eindrehen. Schals aus Bouillondraht und Flügel aus Filz fixieren.

Für hungrige Vögel

Abbildung & Materialangaben Seite 30/31

Hals und Füße aus je 1,20 m Aludraht arbeiten (siehe Seite 5), die Arme aus 60 cm Aludraht. Einen Meisenknödel auf einem Schaschlikspieß zwischen die Fuß-Spiralen schieben; mit Korkscheiben sichern. Beide Figuren mit Deko-Paste betupfen und bemalen. Beim ***Eisbären*** als Ohren vorher zwei 20-mm-Halbkugeln, als Schnauze eine 30-mm-Halbkugel fixieren. Eine Bast-Schleife umbinden. Beim ***Schneemann*** eine Nase aus Modelliermasse aufkleben. Bast-Haare fixieren und eine Schleife umbinden. Einen 4-cm-Topf als Hut bemalen, über die Aufhängung schieben und aufkleben.

Monika
Anna

Für hungrige Vögel

Material

- Glockentopf, 11 cm Ø
- Holzkugel, 6 cm Ø
- Tontopf, 4 cm Ø
- Holzrundstab, 8 mm Ø
- 2 Holz-Halbkugeln, 2 cm Ø
- Holz-Halbkugel, 3 cm Ø
- Multicolor-Bast in Hellgrün-Natur
- Aludraht, 3 mm Ø, 1x 1,20 cm, 1x 60 cm
- Deko-Paste, grob
- Modelliermasse, lufttrocknend
- Acrylfarben in Schwarz, Weiß, Türkis, Orange
- Schaschlik-Spieß
- Korkscheiben

Zusätzlich

- Bleistiftspitzer

Vorlagen N1 – N2

Anleitung Seite 28

Tipp
Die Figuren mit wetterfestem Lack schützen.

Impressum

ISBN 3-419-56533-X

Lektorat:
Irmgard Böhler, Wiesbaden

Styling und Fotos:
Christoph Schmotz, Freiburg

Layoutentwurf:
Network!, München

Gesamtproduktion:
smp, Freiburg

Satz:
Gisa Bonfig, Freiburg

Druck:
Freiburger Graphische Betriebe

Wir sind für Sie da, wenn Sie Fragen haben.
Und wir interessieren uns für Ihre eigenen Ideen und Anregungen.
Schreiben Sie uns, wir hören gern von Ihnen!
Ihr Christophorus-Team

Christophorus-Verlag GmbH
Hermann-Herder-Str. 4
79104 Freiburg
Tel.: 0761/2717-0
Fax: 0761/2717-352
e-mail:
info@christophorus-verlag.de

www.christophorus-verlag.de

Weitere Titel aus dieser Reihe

3-419-56545-3

3-419-56546-1

3-419-56418-X

3-419-56417-1

3-419-56420-1

3-419-56415-5